Disney 모아나 2

사운드 필름 아트북

SamhoETM

CHARACTER LINE UP

Moana

Maui

Matangi

Mini Maui

Pua

Heihei

Simea

Chief Tui   **Sina**

Gramma Tala

Tautai Vasa

Kele

Moni

Loto

Kotu

The ocean

Kakamora

the Moanabes

MAIN CHARACTERS

Moana 모아나

나는 모투누이의 지도자로, 새로운 세상을 탐험하고자 합니다. 조상들의 메시지를 받은 그녀는 고대의 저주를 풀고 모투누이의 미래를 위해 여정을 떠납니다.

Maui 마우이

바람과 바다의 반신인 마우이는 천 년 만에 공동체로 돌아와 적응 중입니다. 자신의 자리를 찾지 못했지만, 모아나와 함께 바다 사람들을 연결하는 여정에 동참하며 그녀를 돕기로 합니다

Matangi 마탕기

모아나가 조상들의 임무에서 만나는 신비롭고 변덕스러운 반신반인으로, 모아나에게 새로운 사고 방식을 깨닫게 합니다. 그녀는 마법의 타파로 날 수 있고, 과일박쥐 떼와 거대한 조개 속에 살고 있습니다. 모아나는 그녀의 조언이 매력적이지만, 믿을 수 있을지 고민합니다.

MOANA'S CREW

Loto 로토

16살의 로토는 진정한 혁신가이자 뛰어난 엔지니어로, 모아나와 승무원이 먼 바다로 떠날 수 있게 해줄 새로운 카누의 설계자입니다

Moni 모니

모니는 모투누이의 역사학자로, 전설적인 이야기를 전하며 마우이에 대한 이야기를 좋아합니다. 그는 현재 사건들을 타파에 기록하고, 모투누이의 역사를 잘 알기에 모아나의 항해에 중요한 역할을 합니다.

Kele 켈레

켈레는 땅에 발을 딛는 것 외에는 모든 것을 싫어하는 성격의 농부입니다. 모아나가 여행 중에 승무원을 먹여 살리기 위해 그를 카누에 태우지만, 그는 땅을 떠나자마자 후회하며, 수영도 할 수 없습니다.

Kotu 코투

코투는 카카모라 족장의 아들로, 동료를 보호하기 위해 위험을 감수합니다. 모아나와 승무원은 그가 필요한 순간 용기와 지혜로 도와준다는 것을 알게 됩니다. 코투는 말 대신 제스처와 행동으로 의사소통합니다.

MOANA'S FAMILY

Simea 시메아

시메아는 모아나의 세 살 난 여동생으로, 언젠가는 언니처럼 웨이파인더가 되기를 꿈꾸는 활발한 아기입니다. 아직 모아나가 왜 바다로 떠나는지, 특히 자신에게서 멀어지는 이유는 이해하지 못하지만, 언니를 믿고 그녀의 귀환을 기다리고 있습니다.

Chief Tui 투이 추장

투이 추장은 모아나의 아버지이자 모투누이의 족장으로, 딸을 완전히 신뢰하고 그녀의 리더십을 지지합니다. 모아나가 새로운 여정을 떠날 때, 그는 사람들과 딸에 대한 사랑 사이에서 중요한 결정을 내립니다.

Sina 시나

모아나와 시메아의 엄마로, 모아나의 리더십을 자랑스럽게 생각하며 그녀의 새로운 여정을 지원합니다. 하지만 모아나가 위험을 충분히 인식한 채 떠나기를 바랍니다.

Gramma Tala 탈라 할머니

그라마 탈라는 모아나의 할머니로, 영혼의 형태인 만타 가오리로 돌아와 모아나에게 지혜를 전합니다. 그녀는 모아나가 섬에서의 삶을 넘어서야 한다고 믿고, 항상 더 큰 세상으로 나아가도록 격려합니다.

Pua 푸아

푸아는 모아나의 충직하고 사랑스러운 오른팔... 아니, 돼지입니다. 푸아는 모아나가 처음 큰 항해를 떠날 때 함께하지 않았기 때문에, 이번에는 카누에서 자신의 역할을 다하기 위해 결심했습니다.

Heihei 헤이헤이

헤이헤이는 모투누이와 모아나의 카누에서 가장 똑똑한 닭은 아니지만, 확실히... 닭입니다. 몇 년 전 모아나와 함께 테 피티로 항해한 경험이 있지만, 그는 여전히 지난 항해에서 아무것도 배우지 못한 것 같습니다.

SECONDARY CHARACTERS

Mini Maui 미니 마우이

마우이의 왼쪽 가슴에 있는 살아 있는 문신으로, 그의 동료이자 이야기의 시각적 해설자입니다. 더 도덕적인 미니 마우이는 표정과 문신의 움직임으로 마우이를 옳은 길로 이끌곤 합니다.

The ocean 바다

바다는 말 없는 존재로, 모아나가 더 큰 세상으로 나아가도록 돕고, 여정 동안 가족과 모투누이와의 연결을 유지하게 합니다.

The Kakamora 카카모라

카카모라는 코코넛 갑옷을 입은 작은 전사들로, 위협을 느끼면 마비성 화살을 사용합니다. 그들은 바지선에서 살며 바다를 항해하고, 모아나는 그들과 협력하면 서로의 임무를 완수할 수 있다는 것을 알게 됩니다.

The Moanabes 모아나베스

모아나베스는 모아나처럼 옷을 입고 머리를 스타일링하며, 웨이파인더가 되기를 꿈꾸는 모투누이의 젊은 팬들입니다. 그들은 모아나가 자신들을 알아볼 때마다 기뻐하며, 언젠가는 모아나처럼 되기를 바랍니다.

Tautai Vasa 타우타이 바사

타우타이 바사는 모아나 이전에 모투누이의 마지막 위대한 항해자로, 모투페투로 항해하려 했으나 신 나로의 폭풍에 의해 실패했습니다. 그는 모아나에게 자신의 임무를 완수하도록 격려합니다.

Olivia Foa'i, Te Vaka

©Disney

Disney
모아나2

"네가 따라오고 싶다며."

"You wanted to come this time."

Disney
모아나2

Disney
모아나 2

모아나2

©Disney

Disney
모아나2

We're Back

©Disney

Disney
모아나 2

Disney
모아나 2

Disney
모아나2

"우리 언니! 안 돌아오는 줄 알았잖아."
"Big sis! You were gone forever."

"3일 밖에 안 지났어."
"It was 3 days."

Finding The Way

Disney
모아나2

"마우이가 '테 피티'의 심장을 훔치기 전 선조들은
우리의 섬을 바다의 모든 사람들과 연결하려 하셨어."

"Before Maui stole Te Fiti's heart, our ancestors wanted to connect
our island to all the people of the entire ocean."

©Disney

"내가 어딜 가든 너와 함께일 거야."

"There is nowhere you could go that
I won't be with you"

Tuputupu

Beyond

Disney 모아나2

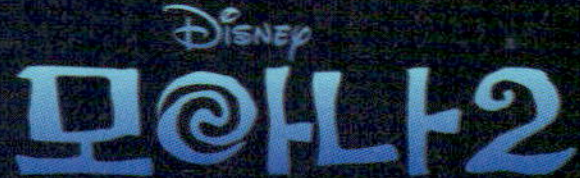

"이건 선조들께서 부르는 거야."

"It's a call from the ancestors."

"새로운 하늘을 항해하고 바다를 건너 다시 사람들을 연결하라고."

"To sail to new skies and reconnect our people across the entire ocean."

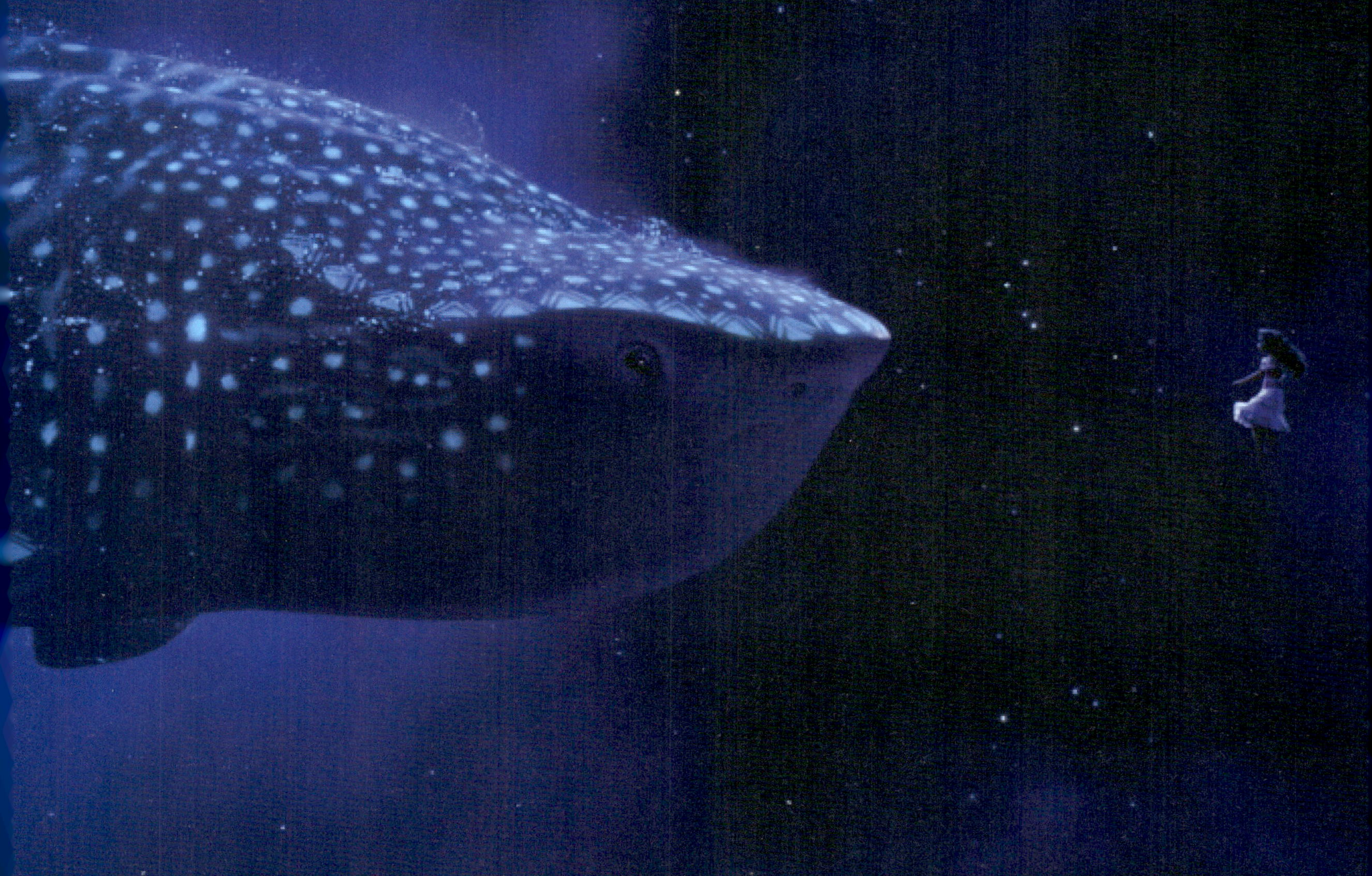

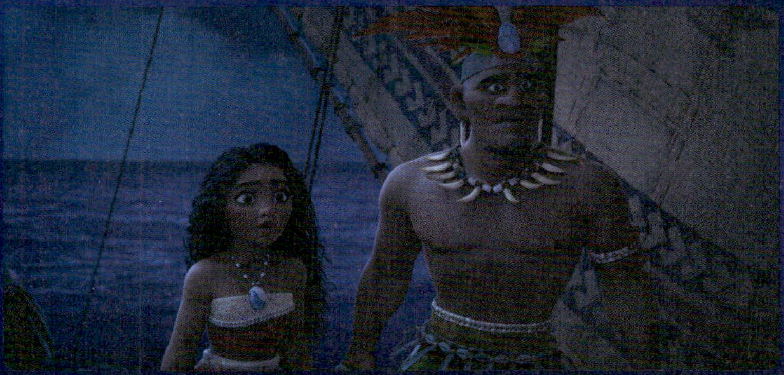

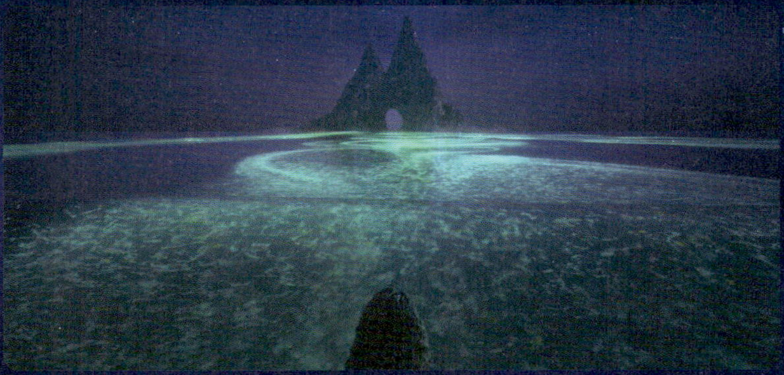

My Wish For You

"선원이 필요해."

"I'm going to need a crew."

Disney
모아나2

"돌아올 거야. 약속할게."
"I'll be back. I promise."

"내가 해야만 해."

"I know what I have to do."

©Disney

모아나2
What Could Be
Better Than This?

Disney
모아나2

Disney
모아나2

©Disney

Disney
모아나2

"사람들 소리야?"
"Do I hear people?"

"사람이 아니야. 카카모라."
"Those aren't people. Kakamora."

© Disney

Disney
모아나2

Disney
모아나2

"괜찮아! 문제없어!"

"You guys. We got this!"

Disney
모아나2

©Disney

Disney
모아나 2

Disney
모아나2

Disney
모아나2

Can I get a
Chee Hoo?

모아나 2

"소리 지를 준비 됐어?"
"Can I get a Chee Hoo?"

"바다 사람들을 연결하려
든다면, 네가 파멸할 거야."

"If you try to reconnect the
people of the ocean, you will be
destroyed."

Disney
모아나2

Get Lost

Disney
모아나 2

"안전한 길만 가면 평생 몰라.
규칙은 깨라고 있는거야."

"Keep playin' safe, you'll never know.
The rules are ours to break."

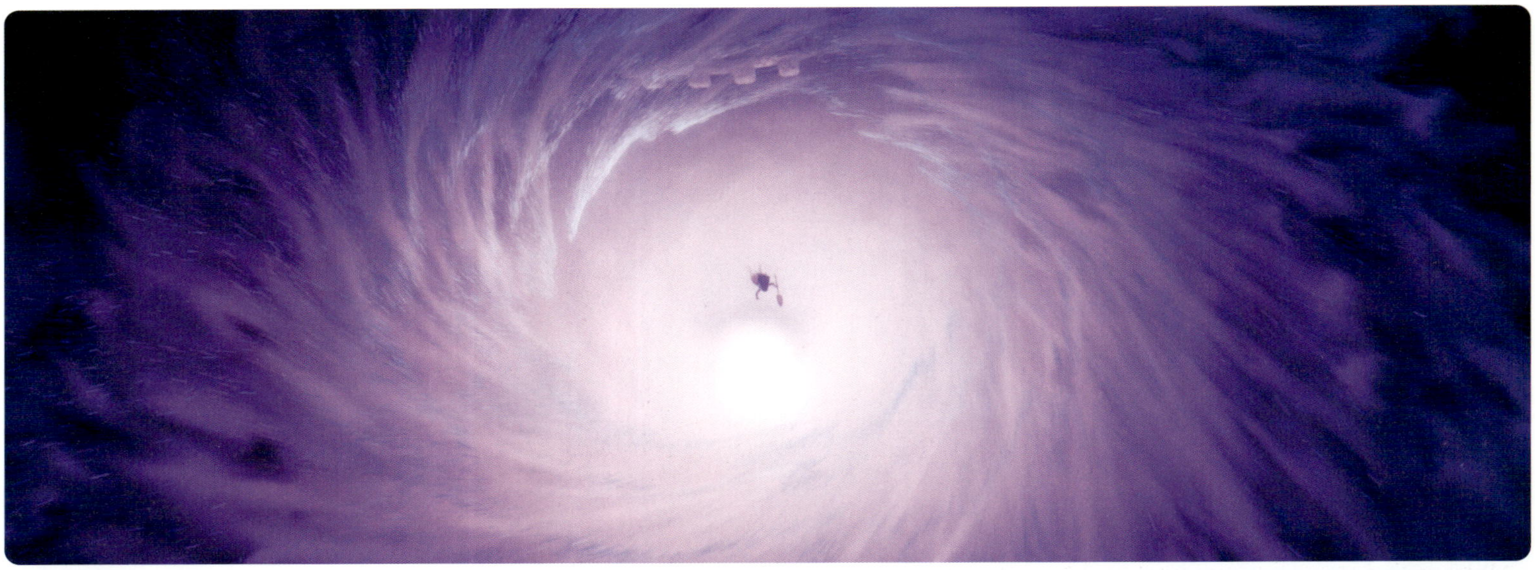

"안녕, 곱슬아?"
"Ssup curly?"

"마우이!"
"Maui!"

"지금 장난해!"
"This is serious!"

"이거 아니야?"
"Is something distracting you?"

"선조와 우리를 넘어
더 중요한 일이야."
"This is bigger than the ancestors."

"온 바다가 우릴 믿고 있어!"
"Bigger than us. the entire ocean is
counting on us!"

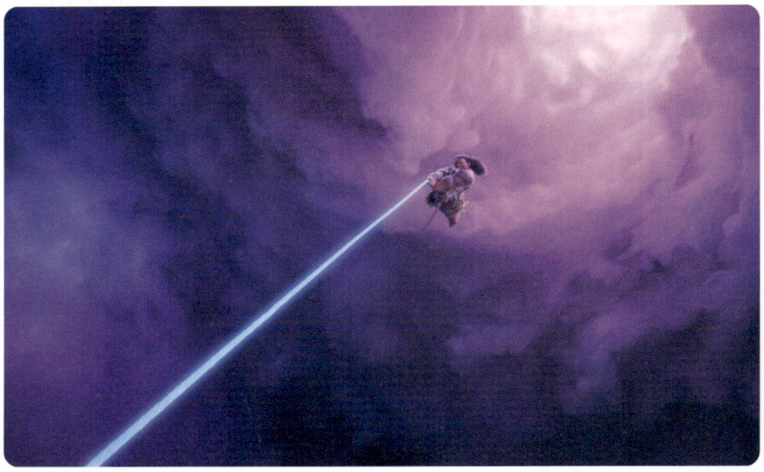

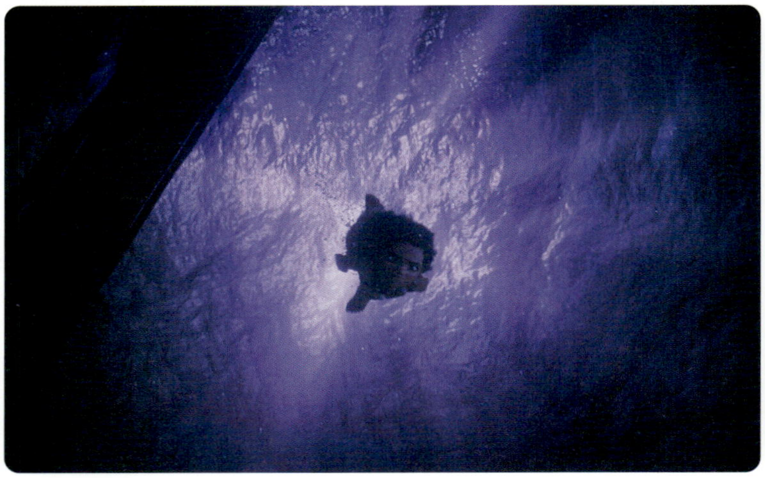

Disney
모아나2

Mana Vavau

Disney
모아나 2

Beyond
(Reprise)

Nuku O Kaiga

Disney
모아나2

Finding The Way

Disney
모아나 2

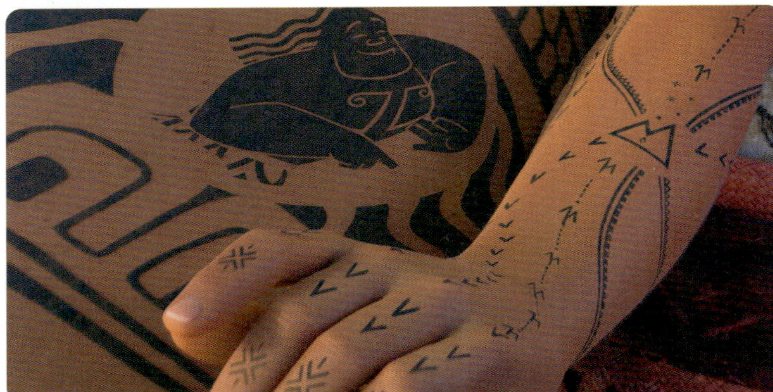

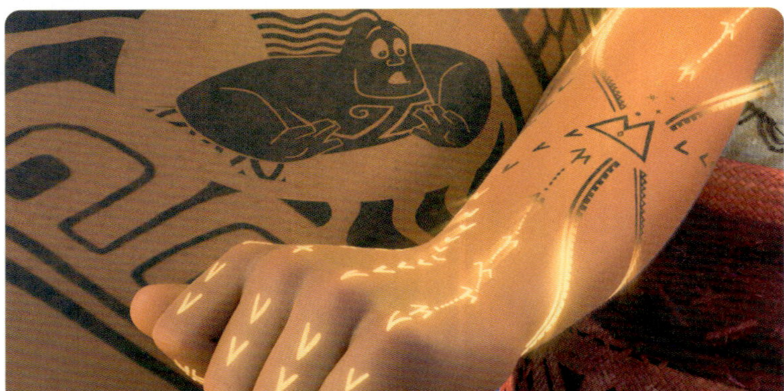

"다른 길은 언제나 있어."
"There's always another way."

Disney
모아나2

Beyond

저 너머로

Emily Bear, Abigail Barlow 작사·작곡

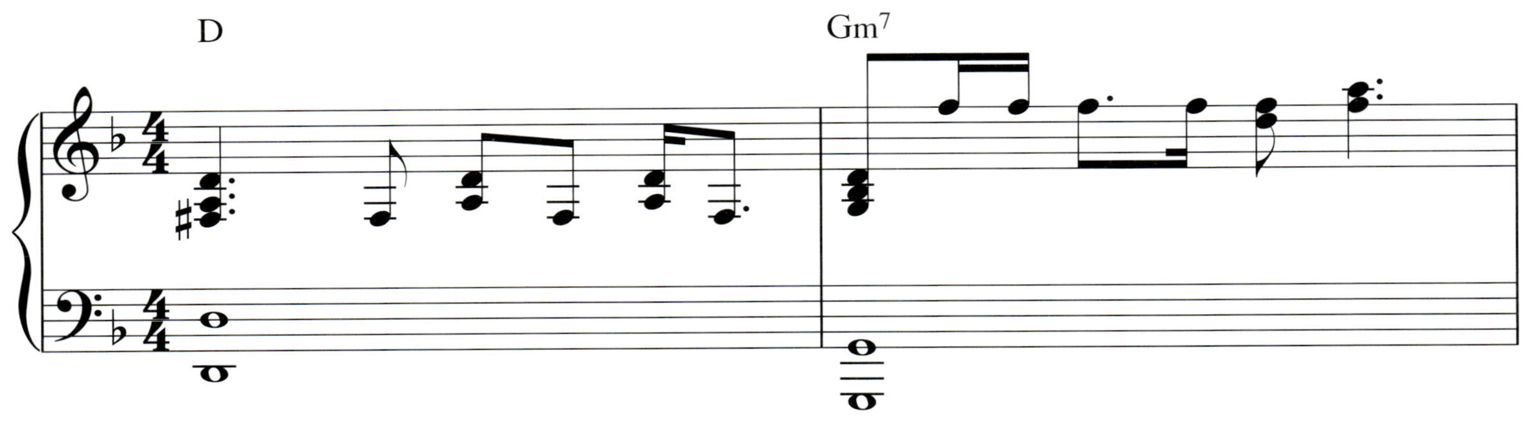

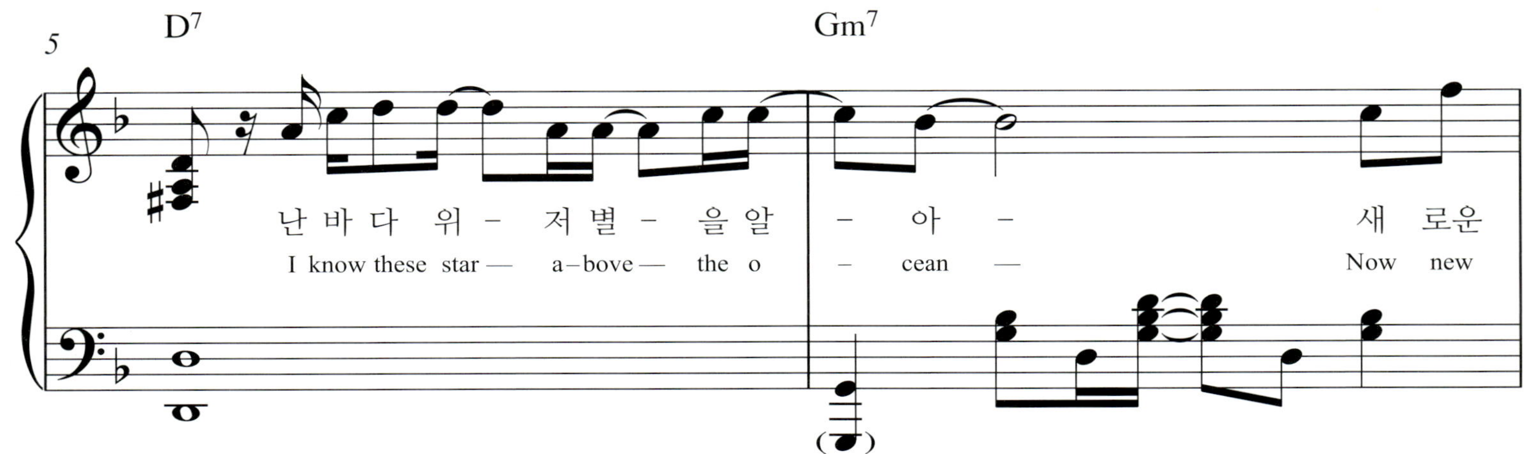

7
B♭   F   Am/E
하늘 날불러 -   모   든 것이 - 달라진 - 거야
skies call me by name —   And sud–den–ly — noth–ing feels — the same

9
D7   Gm
- 꼭가 야한 - 단 걸 알지 - 만 -   내겐 너
— I know the path — that must be cho — sen —   But this is

11
B♭M7   F   C/E
무 나 큰 세 상   바 람 과   - 파 도 가 나 - 를 이 - 끌
big–ger than be–fore   Winds have changed — tides turn me far — a – way — from

13
B♭   Gm
어   사 랑 하 는   -   사 람 들 을 떠 나
shore   What waits for me   —   for – ev – er far from home?

15
Eb
Cm7
알 수 없 는
From ev—ery—thing
아주먼곳두 려 워
and e—ve—ry—one I've ev — er
17
Asus4
A7
난
known
저 너 머
What lies be—
19
D
Gm
로 — —
yond — —
새 로 운
un—der skies
하 늘 아 래
I've nev—er seen?
아 득 한
Will I lose
21
BbM7
F
Am/E
그 곳 에 서 날 잃 을 지
my—self — be—tween— my home— and what's
몰 라
un—known?
저 기 너 머 로
If I go be—yond

23
D
Gm
모든걸 —남겨—두고— 오직우
leav–ing all — I love— be–hind — With the fu–
B♭M7
F
C/E
25
—리 —미래마 —을을향—해서 — 갈—수있—을까
— ture — of our Peo — ple still — to find — Can — I go — be–yond?
C
D
D7
27
거부 할— 수없—는 운
There is des — ti–ny — in mo —
Gm7
B♭
29
—명— 이제 시작된거야— 내전부를
— tion — And it's on–ly just be–gun — Now will this

31
F   C/E   B♭
다 잃어-버릴-지 도-몰   라   저 부 름 에
life I've worked— so hard— for come— un —   done?   They're call — ing me

33
Gm7   E♭
— 답 해 야 해   — 하 지 만 난
— I must re — ply   — But if I leave

35
Cm7   Asus4
— 이곳을 어 떻 게   떠 나 —   — — — —
— how could I ev—er say   good—bye? —

37
A7   D
— — — —   저 너 머 로 — —   끝 이 없
— — — — —   What lies be— yond, — —   on the vast

39
Gm7
B♭M7
－는 수 － 평선 － 혼 란 속 －을 헤 － 메 다 － 날 잃 －을 지
— un — chart — ed sea — Will I lose — my self — be—tween — all that — we know
41
F
Am/E
D
－ 몰 라 － 저기 저 너 머 로 － － － － － 모 든 걸
— right here? — And what's out there be—yond — — — — — leav—ing all
43
Gm7
B♭M7
－ 남 겨 － 두고 － 오 직 우 －리 － 미래 마 －을을 향 －해서
— I love — be—hind — With the fu — ture — of our Peo — ple still — to find
45
F
C/E
F/G
－ 갈 － 수 있 －을 까 －
— Can — I go — be — yond? —

47
E♭M7
Gm7
곁 에 머물 지 못 — 해 도 — 이 해 받 을 날
If I'm not here to hold — her hand — Will she grow to un—

49
C
D/C
C
— 올 까 — — — — — 저 너 머
— der — stand? — — — — — I'll go be—

51
D
Gm
로 — — 언 제 쯤 — 이 곳 — 으 로 — 돌 아 올
yond — — and al—though — I don't — know when — I will reach

53
B♭
F
Am/E
— 지 몰 — 라 도 — 나 를 — 믿 으 — 니 까 — 나 는 모
—these sands— a—gain — 'cause I — know who — I am — I am Mo—

아 나 — 엠 버 바 — 다 를 — 품 고 — 약 속 할
a na — of the land — and of — the sea — And I prom
— 게 늘 내 가 — 보 여 — 줄 게 — 기 — 대 해 — 반
— ise that it's who — I'll al — ways be I — must go — I
— 드 시 갈 — 거 야 — 저 너 머
— will go they — will know — What lies be —
로
yond
R.H. ----|

사운드 필름 아트북

발행인 김두영
전무 김정열
콘텐츠기획개발부 김승아, 박지은, 정예림
디자인기획개발부 이은경
마케팅기획개발부 이천희, 신찬, 송다은
경영지원개발부 윤순호, 권지현, 한재현
제작 유정근
편곡 이가은(피치피아노)

발 행 일 2024년 12월 10일
발 행 처 삼호ETM (http://www.samhomusic.com)
　　　　　경기도 파주시 문발로 175
　　　　　마케팅기획부　　전화 1577-3588　　　팩스 (031) 955-3599
　　　　　콘텐츠기획개발부 전화 (031) 955-3589　팩스 (031) 955-3598
등　　록 2009년 2월 12일 제 321-2009-00027호

ISBN　978-89-6721-5521

제 품 명 : 도서	주　　　소 : 경기도 파주시 문발로 175	
제조사명 : 삼호ETM	문의전화 : 1577-3588	
제조국명 : 대한민국	제조년월 : 판권 별도 표기	
사용연령 : 3세 이상	KC마크는 이 제품이 공통안전기준에 적합하였음을 의미합니다.	

©Disney

"네가 따라오고 싶다며!"
"You wanted to come this time!"

MOANA 2

©Disney

"내가 어딜 가든 너와 함께일 거야."
"There is nowhere I could go that I won't be with you."

MOANA 2

©Disney

"새로운 하늘을 향해하고 바다를 건너
다시 사람들을 연결하라고."
"To sail to new skies and reconnect our people across the entire ocean."

MOANA 2

©Disney

"특식도 챙겼네? 베이컨이랑 달걀이라니!
얘는 왜 지난번에 안 데려온 거야?"
"Snack upgrade? Bacon and eggs! Why didn't you bring the pig last time?"

MOANA 2